평범한 날들의 시학

이은선 시집

반달뜨는꽃섬

|서문|

평범한 날들이 시학이 되는 순간

 우리는 흔히 '특별한 하루'만을 기억하려 한다. 그러나 지나간 날들을 오래 들여다보면, 진짜 삶의 결은 언제나 가장 평범한 순간들 속에 숨어 있다. 바람에 흔들리는 커튼 한 장, 책상 위의 먼지, 손때 묻은 문고리, 잊혀진 컵 하나. 그 조용한 것들이 우리를 지탱하고 있었다는 사실을, 이 시집은 말없이 보여준다.

 『평범한 날들의 시학』은 일상의 무늬를 읽어내는 한 편의 긴 사색이다. 시인은 사소한 사물과 시간의 잔향을 통해 "살아 있음"의 감각을 다시 짚는다. 아무도 주목하지 않는 풍경 속에서, 시는 천천히 숨을 고르며 존재의 온도를 재어본다. 낡은 신발, 금이 간 벽, 먼지 쌓인 달력, 저물어가는 빛—모두가 지나침과 망각의 흔적이지만, 그 안에 '지워지지 않는 인간의 체온'이 있다.

 이 시집의 언어는 크지 않다. 다만, 낮고 오래 남는다. 그것은 일상의 침묵을 견디며 흘러가는 시간의 목소리이자, 부서지고 닳은 것들 속에서 새어 나오는 희미한 빛의 언어다. 시인은 말하지 않음으로써 말하고, 버려진 것들 속에서 여전히 살아 있는 것을 포착한다.

 여기서 '시학'이란 화려한 미학의 이론이 아니라, 살아가는 방식이다. 평범한 하루를 견디고, 그 하루의 결을 느끼고, 다시 그 위에 말을 얹는 일―그것이 곧 이 시집이 제시하는 시학이다.

|목차|

서문

1부

그림자와 나란히	11
골목 끝, 느린 오후	14
벤치 위의 구름	16
서 있는다는 것의 의미	18
낡은 신발이 말해주는 것	20
느리게 걷는 하루들	22
흙냄새가 묻은 노래	26
멈춰 선 풍경	28
저녁 안개에 젖다	30
오래된 길의 침묵	32
책상 위의 먼지	34
잊혀진 컵	36

2부

사소한 것들의 집　　41

균열이 있는 풍경　　42

서랍 속에 남은 편지　　44

바람에 흔들리는 커튼　　46

부서진 화분　　48

종이 위에 남은 자국　　50

지워지지 않는 얼룩　　52

손때 묻은 창틀　　54

시간의 두께를 재다　　56

노트의 첫 페이지　　57

오래된 시계의 숨결　　59

3부

시간의 낙서	63
스쳐간 이름	65
계절이 지나간 자리	67
손목시계가 멈춘 날	69
기억의 이끼	71
세월을 건너는 의자	73
닳아버린 문고리	74
낮은 목소리로 흐르는 시간	76
부러진 나뭇가지	78
먼지 쌓인 달력	80
물 한 잔의 온도	82

4부

다시 시작되는 하루	85
저물어 가는 빛	86
불완전한 순간들	88
흘러내린 약속	90
금 간 거울	92
깨진 유리잔을 들여다보다	94
삐걱거리는 계단	96
어긋난 발자국	98
비워진 잔	100
잃어버린 단어	102
틈 사이로 스며드는 빛	104
살아 있다는 것	106
평론, 사라짐의 미학, 머묾의 윤리	107

1부

그림자와 나란히

그림자와 함께 걷는다
햇살을 어깨에 얹고
그림자를 발밑에 끌며

그림자는 늘 한 발 늦다
조금 뒤처져
내 움직임을 흉내 낸다

바람에 흔들리는 그림자의 선
금이 간 벽돌 틈새로 스며드는
오후의 가벼운 빛
나는 나조차 모르는 내 몸의 기울기를 본다

그림자는 가르치지 않는다
그저
함께 걸을 뿐

말 없이, 질문 없이
낮은 곳으로만 흐르는 그림자의 걸음

때로는 길게 늘어져 나를 앞질렀다
때로는 작아져 내 발끝에 웅크렸다
어디에도 닿지 않고
그저 사라질 때를 기다렸다

나는 생각해 본다
그림자가 나를 닮은 것인지
내가 그림자를 닮아가고 있는 것인지

우리는 늘 나란히 있지만
한 번도 서로를 넘어서 본 적이 없다.

오늘
나는 그림자와 나란히 걷는다
서로가 서로를 지나치지 않기를 바라면서

골목 끝, 느린 오후

골목이 끝나는 곳에서
나는 걸음을 멈춘다

누군가의 발자국이 지나간 흔적
닳아버린 돌계단의 무늬
벽에 번진 이끼의 무심한 침묵

햇살은 가끔 고집을 부려
구석진 벽에 머물다 가고
바람은 주머니 속 동전을 굴리듯
사소한 기억들을 데려간다

나는 그곳에 서 있다
아무것도 묻지 않고
아무것도 기다리지 않고

오래된 풍경은 말이 없고
나는 그 말 없음에 기대어 서성인다

시간이 멈춘 듯한 자리에서
내 그림자만이 천천히 길어진다

벤치 위의 구름

오래된 공원 벤치에 앉아
나는 하늘을 올려다본다

비바람에 벗겨진 나무판자
금이 간 철제 다리
세월을 견뎌온 것들의 낡은 의연

그 위로 흘러가는 구름 몇 점
서두르지 않고 묻히지 않고
자기만의 속도로 지나간다

누군가 오래전 남긴 이름 모를 낙서
여름 햇살에 바랜 잉크
시간이 지운 것과 남긴 것의 경계

나는 그 위에 손을 얹는다

마치 누군가의 등줄기를 쓸어내리듯
조심스레 아주 조심스레

구름은 아무 말 없이 벤치 위를 떠다닌다.
나는 그 무심한 부유에 기대어
조용히, 오래 앉아 있었다.

서 있는다는 것의 의미

나는 서있다
사라지는 것들과
스쳐가는 것들 사이를

하루에도 몇 번씩
길은 달라지고 풍경은 바뀌고
내 마음 또한 모르는 틈에 변해간다

서 있다는 것은
떠나는 일과 비워내는 일
때로는 모르는 미래를 받아들이는 일

발밑에 깔린 작은 돌멩이들이
한때는 별빛을 품었을지도
모른다고 생각하며

바람이 이따금
길 모퉁이에서 웃고 지나가도
나는 굳이 되묻지 않는다

서 있다는 것은
아무 대답 없이도
자신을 믿는 일이라는 걸
이제는, 조금 알 것 같아서

낡은 신발이 말해주는 것

낡은 신발 한 켤레가 있다
발등은 꺼지고
밑창은 닳아 있다

한때는 반짝였던 가죽도
비를 견디고 먼지를 삼키며
이름 모를 골목과 시린 새벽을 걸었다.

신발끈은 몇 번이나 끊어지고
급히 묶은 매듭은
아직 그대로 남아 있다

버려야 할 것들과
버릴 수 없는 것들 사이에서
신발은 묵묵히
한 걸음씩 나를 데려왔다

낡은 신발을 들여다본다
그 속에 담긴 오래된 하루들을

느리게 걷는 하루들

오늘 나는 걷는다
빠르지도 느리지도 않게
시간의 숨결보다 한 박자 느리게
생각의 그림자보다 한 걸음 뒤로

세상의 소란이 등을 떠밀 때
나는 걸음을 늦춘다
멈춤과 움직임 사이에서
바람의 결이 나를 스친다

돌아보지 않아도 되는 길 위에서
발끝이 묻은 먼지가
어제의 기억처럼 흩어진다
목적 없는 발걸음이
나를 어느 골목으로 데려간다

이름 모를 창문 아래
누군가의 하루가 식어가고
낯선 커피 향이 저녁빛에 스민다
나는 그 향을 따라 한 걸음 더 걷는다

누군가 지나간 자리에
남겨진 따뜻한 기척이 있고
바람에 밀려 흔들리는 나뭇잎의 속삭임이 있다

하루가 무너지고
다시 쌓이는 소리 없는 풍경 속에서
나는 나를 잃고, 다시 찾는다

오늘 나는 걷는다
아무 대답도 돌아오지 않을 하루를

비가 그치고 난 뒤

비가 그치고 난 뒤,
세상은 한 톤 낮아져 있었다

골목은 젖어 있었고
하늘은 아직 구름의
옷자락을 걷지 않았다

돌계단 사이에 고인 물웅덩이
그 속에 쪼그려 앉은 잔별 같은 먼지들

빗물은 모든 것을 다 씻어내지 못했다
벽에 남은 낙서
지워지지 않는 이름
그리고 오래된 이끼의 끈질긴 녹색

나는 서서히 숨을 들이킨다

물기를 머금은 공기가 폐 속으로 스며든다
한때 울던 비의 잔향
아직 다 사라지지 않은 체온.

비가 그치고 난 뒤의 풍경
그 안에 잠겨 있는 이름 없는 슬픔을
그냥,
그대로 안아보았다.

흙냄새가 묻은 노래

길을 걷다 멈춘 자리
낡은 담벼락 틈새에서
흙냄새가 피어올랐다

이른 봄비를 머금은 흙
사라진 발자국 위로 스며든 뿌리
아무도 듣지 않는 곳에서
흙은 오래된 노래를 부른다

잊힌 이름들이 누웠던 자리
슬픔도 기쁨도 모조리 삼킨 침묵의 숨결

나는 귀를 기울인다
땅이 들려주는 소리를

햇살 아래서도 드러나지 않는

어둡고 차가운 세계의 노래

눈에 보이지 않는 것들이
진짜였다는 듯
흙냄새가 나를 끌어당긴다

그곳에서
아주 낮은 숨소리로
나는 노래를 들었다

살아 있다는 것의
가장 조용한 방식

멈춰 선 풍경

흐르는 시간 속에서도
움직이지 않는 것들이 있다

낡은 간판
바래진 포스터
한쪽 벽에 기대 선 자전거 한 대

바람마저 멈춘 듯
햇살은 정오의 각도로 내려오고
나는 그 고요를 견딘다

멈춰 선 풍경은
말이 없다

다만 오래된 숨결을
잔잔히 쌓아 올릴 뿐

바람이 머물다 간 자리에 남은

그 가벼운 기척마저도

이토록 깊고 단단한 풍경이 될 수 있다는 걸

저녁 안개에 젖다

저녁 안개가
골목을 타고 내려온다

나는 안개에 젖는다
어디까지가 나이고
어디부터가 저녁인지
경계가 흐려진다

나는 숨을 죽여 더디게 걷는다
스치듯 스며드는 냄새
서늘하고 투명한
사라지는 것들의 냄새

저녁 안개 속에서
나는 한 점의 얼룩이 된다

소리 없이 번져가며
조금씩 사라지는 법을 배운다

오래된 길의 침묵

오래된 길을 걷는다
수없이 밟히고
수없이 잊힌 길

비에 젖고
햇살에 바래고
발자국이 지워진 자리

길은 말이 없다
걸어온 이들의 이야기를
묵묵히 삼킨다

나는 귀를 기울인다
길이 오래도록 숨겨온 것들
돌아보지 못한 이름들
흘러간 시간의 무게를

아무것도 말하지 않고
아무것도 드러내지 않으면서
길은 모든 것을 기억한다

나는 멈춰 선다.
발밑에 고인 낡은 기억들 위에

책상 위의 먼지

책상 위에 먼지가 쌓인다

누구도 들여다보지 않는 풍경
햇살에 부서지는 가벼운 입자들

먼지는 묻지 않는다
누구의 손길도 기다리지 않는다

시간이 흘러도
계절이 바뀌어도
먼지는 다만 거기 있다

쌓이거나, 흩어지거나
바람에 실려가거나

무게조차 가늠할 수 없는 존재

그러나 어쩌면
세상에서 가장 오래된 기록

무수한 지나침과 망각 속에서도
묵묵히 남아 있는
빛과 그림자의 틈새

오늘도 먼지는 말이 없다

그 침묵이 때로는
한 권의 책보다
수 많은 기억보다
더 많은 이야기를 품고 있다

잊혀진 컵

식탁 끝에 오래된 컵 하나
금이 가고 바랜 흰색
아무도 손대지 않은 채
조용히 시간을 견딘다

컵의 안쪽에는
지난 계절들의 잔향이 고여 있고
바깥쪽에는
손때의 무늬가 바람결처럼 남아 있다

그 컵을 들여다본다

텅 빈 공간
얼마나 많은 풍경이
거기 머물다 갔는지

시간이 더디게 스며든
작은 사물 앞에서
나는 조용히 고개를 숙인다

2부

사소한 것들의 집

보이지 않는 것들이
세상을 지탱하고 있다

책상 위에 떨어진 먼지 한 톨
문득 스치는 바람
고장난 시계의 멈춰 선 바늘

이름도 무게도 없는 것들이
조용히 그러나 분명히
나를 둘러싸고 있다

눈에 띄지 않는 것들의 숨결이
평범한 날들을 지탱하고 있다.

나는 오늘,
그 사소한 것들의 집으로 들어간다.

균열이 있는 풍경

벽 한쪽에 금이 갔다
누군가 지나친 작은 흠집이
천천히, 오래도록 번져갔다.

금이 간 풍경은
그 상처를 드러내면서도
스스로를 부끄러워하지 않는다

오히려 그곳에
빛이 모인다

틈 사이로 흐르는 햇살
아주 얇은 선을 따라
시간이 들고 난다

온전한 것만이

아름다운 건 아니라는 걸
깨진 틈새로만
보이는 것들이 있다는 걸

나는 그 금을 따라
내 마음의 갈라진 곳까지 걸어간다.

부서진 자리마다
햇살이 머물고 있다

서랍 속에 남은 편지

서랍을 열면 언제나 처럼
편지 한 장이 누워 있다

누렇게 바랜 종이
번져버린 글자
접힌 자국 위로 앉은 먼지

그곳에 남아 있는 건
한때의 체온,
말끝의 떨림,
닿지 않은 대답.

편지는 이제
어느 곳에도 도착할 곳을 잃었다

나는 편지를 접어
서랍 속 어둠에 묻는다

잊힌 것들의 편지는
가장 많은 것들을 기억하고 있다.

바람에 흔들리는 커튼

오후 내내
바람에 흔들리는 커튼을 본다

규칙도 없고
목적도 없이
그저 바람이 스치는 대로

나는 그 느슨한 흔들림에
한참을 눈을 뗄 수 없다

커튼은 묻지 않고
바람은 다만 지나갈 뿐이다

무엇을 붙잡지 않고
무엇도 남기지 않고
그저 흘러간다

놓아주는 것
떠나보내는 것
살아간다는 건
어쩌면 그런 일인지도 모른다

바람에 흔들리는 커튼처럼

부서진 화분

창가에 놓인 화분
한쪽이 깨져 있다.

깨진 틈새로
마른 흙이 쏟아지고
뿌리는 바람에 드러난다

그런데도
부서진 화분 속에서
작은 꽃 하나가 피어난다

누구도 돌보지 않았지만
비가 오고 바람이 불고
햇살이 스며든 날들 사이로
꽃은 조용히 자라났다

상처 입은 자리마다
빛이 번진다

부서진 것들 위에도
기어이 피어나는 것들이 있다는 걸
이 작은 화분이 가르쳐준다

깨진 것들이
모든 끝은 아니라는 듯

종이 위에 남은 자국

오래된 노트 한 권을 펼친다.
페이지마다 흐릿한 자국이 있다

물기가 번진 자리
펜 끝이 눌러 지나간 흔적
잊힌 시간의 얼룩

누군가를 생각하며 써내려간 문장들
지워진 이름들
다시는 열지 않은 약속들

나는 그 자국들을 더듬는다.

노트에 남은 것은
쓰는 이의 손끝
머뭇거림

그리고 다시 덮어둔 시간

나는 노트를 덮는다.
어쩌면 그 자국들이
가장 정직한 기록이라는 생각과 함께.

지워지지 않는 얼룩

벽에 남은 얼룩 하나.
몇 번을 덧칠해도
지워지지 않는 흔적.

나는 얼룩 앞에 선다.
누군가의 손길
지나간 계절
사라진 이름이
묻어 있는 자리.

지우려 할수록
선명해지는 것들이 있다.
잊으려 할수록
더욱 깊어지는 것들이 있다.

나는 오래도록 바라본다.

살면서 남기는 것들이
언제나 아름다운 것만은 아니라는 걸,
그 얼룩이 가만히 일러준다.

손때 묻은 창틀

창틀을 손끝으로 쓸어본다.
가느다란 먼지
시간이 쌓아놓은 층위들

손때가 묻은 자리마다
누구의 온기가 남아 있다

열고 닫는 소리
기대어 바라보던 눈길
때때로 묻어났던 한숨

창틀은 아무 말도 하지 않고
그 모든 것을 견딘다

나는 창틀에 손을 얹는다
가볍게

그러나 오래도록

살면서 묻는 것들,
남는 것들

그 손때가
창틀을,

그리고 나를
조금씩 닮아가게 한다.

시간의 두께를 재다

시간은 결을 가지고 있다
손끝으로 쓸어보면
거칠거나 매끄럽거나
혹은, 부서질 것처럼 얇거나.

시간은 소리 없이
모든 것 위에 얇은 층을 덧입힌다

지나가면서 사라지면서
그리고 남기면서

누군가는 그것을 기억이라 부르고
누군가는 그것을 상처라 부른다

나는 오늘
시간이 남긴 결을 재려 한다

노트의 첫 페이지

노트를 펼치면
첫 페이지가 나타난다

비어 있는 줄
이름 모를 날짜
아무것도 쓰이지 않은 공간

그러나 나는 안다
그 빈칸이 품고 있는 것들을

말하지 못한 문장들
시작하지 못한 이야기들
끝내 적히지 않은 마음

노트의 첫 페이지는
언제나 그렇게 비어 있다

빈 곳에야말로
무수한 가능성이 숨어 있다는 듯

나는 조용히 노트를 덮는다

끝내 쓰지 못한 말들이
나를 오래 지켜줄 것만 같아서

오래된 시계의 숨결

벽에 걸린 오래된 시계가 있다
똑딱, 똑딱 —
시간을 재다기보단
시간에 젖어 있는 것처럼

나무 틀은 조금씩 갈라지고
바늘 끝은 더디게 움직인다

한때는 분초를 가르던 바늘도
이제는 흐르는 대로
조금 늦거나 앞서거니 하며
세월에 등을 기대고 있다

나는 그 시계 앞에 선다

시간이 아니라
시간이 남긴 무늬를 보기 위해

가는 바늘이 쓸고 간 자리마다
희미한 빛이 앉아 있다

그 빛 속에서 나는 본다

흘러간 것들이 남긴 숨결
지나간 이름들의 그림자
손목에 채웠던 기억의 잔

오래된 시계는 지금도 걷고 있다

시간을 재는 것이 아니라
시간을 견디는 방식으로

3부

시간의 낙서

학교 담벼락에 남은 낙서
누군가의 이름
서툰 하트 모양
바람에 닳아 흐릿해진 날짜

시간은 아무도 모르게
이름을 지우고
모양을 흐리게 하고
날짜를 잊게 만든다

그러나 낙서는 남아 있다

지워지지 않는 것들
사라지지 않는 것들

나는 그 담벼락 앞에 선다

손끝으로 더듬는다
시간이 지나도
완전히 지워지지 않는 것들을

낙서는 낙서일 뿐이지만
어쩌면 그것이야말로
가장 오래 남는 기억

시간은 모든 것을 삼키지 않는다

가끔은,
손바닥보다 작은 낙서 하나가
세월보다 오래 견디기도 한다

스쳐간 이름

어떤 이름은
부를 수도
되돌릴 수도 없다

나는 문득 떠오른 이름 하나를
마음속으로 불러본다

소리 내지 않고
목소리를 내지 않고

스쳐간 이름은
아무 대답도 하지 않는다

스쳐간 이름을 가슴속에 묻는다.

지나가면서 남긴

조용한 무게와 함께

계절이 지나간 자리

봄이 지나간 자리에
가을빛이 스며들고 있다

벚꽃잎이 흩어진 골목
말라가는 나뭇잎의 가장자리
더 이상 울리지 않는 풍경

나는 계절의 자락을 더듬는다

떠난 것들의 향기
사라진 것들의 기척
그리고 남겨진 것들의 무게

계절은 그렇게
이름도 없이 흘러간다

가끔은 떠난 것들이
남은 것보다 더 선명하다

나는 생각한다
스쳐간 것들이
가장 오래 머문다는 것을

계절은 다시 올지 몰라도
그때의 나는
다시 오지 않는다

손목시계가 멈춘 날

서랍 속,
멈춘 손목시계
멈춘 시간

한때는 하루를 재던 바늘이
이제는 아무 방향도 가리키지 않는다.

차가운 금속의 감촉,
멈춘 숫자들의 무게.

어쩌면,
멈춘다는 것은
끝이 아니라
다른 시간을 시작하는 일인지도 모른다.

나는 시계를 덮어둔다.
움직이지 않아도
시간은 계속 흘러간다.

움직이지 않는 것만이
진짜 시간을 품고 있는 것인지도 모른다.

기억의 이끼

비가 지나간 자리마다
그늘지고 습한 곳마다
이끼는 조용히 스며든다

지워진 이름들
흐릿해진 얼굴들
말없이 자라나는 기억의 결

이끼는 서두르지 않는다.
서두르지 않기 때문에
가장 오래 남는다

기억도 이끼처럼
누구의 눈에도 띄지 않게
조용히 깊게
스며들어야 하는 것

진짜 기억은

밟히고 무시당해도

언젠가는 다시 초록빛을 띤다는 것.

세월을 건너는 의자

오래된 나무 의자 하나
비에 젖고
햇살에 바래고
수없이 누군가의 몸을 지탱해 왔다

긁힌 자국
옅어진 색
기댔던 어깨의 온기

시간은 앉아 있는 자리를 기억한다
떠난 자들이 남긴
묵묵한 온도를 기억한다

세월을 건너는 일은
어쩌면 그렇게
조용히 무게를 품는 것인지도 모른다

닳아버린 문고리

손때에 닳아버린 문고리
반짝임도 잃고
가죽도 벗겨진 금속

수없이 열리고 닫히던
문과 마음의 경계

문고리를 쓸어본다
누구의 손길이 지나갔을까
어떤 이별이 닿아 있었을까

문고리는 모든 것을 알고 있지만
아무것도 말하지 않는다

시간이 가장 오래 머무는 곳은
늘 가장 많이 스쳐간 자리

문을 열 듯
오래된 시간을 열 듯

문고리는 묵묵히 돌아간다
모든 것을 품은 채
아무것도 흘리지 않고

낮은 목소리로 흐르는 시간

시간은 높은 데서 흐르지 않는다
늘 낮은 곳
바닥을 따라 스민다.

발밑을 스쳐가는 먼지
고인 물에 떠오른 빛
닳아버린 길의 가장자리
모두 낮은 곳에서 흐른 시간의 무늬.

높은 소리는 금방 사라지지만
낮은 목소리는 오래 남는다

낮은 곳에서 들려오는
시간의 숨소리

그 소리는 작지만,
끝내 사라지지 않는다

낮게, 더 낮게 —
시간은 그렇게
내 발끝을 스치고 지나간다

부러진 나뭇가지

바람에 부러진 나뭇가지
인도 위에 누워 있다

껍질이 벗겨진 상처
끊어진 결
노출된 심장

생명은 부러져도 쉽게 죽지 않는다

나는 나뭇가지를 들고 서 있다

부러진 것이 끝이 아니라
다시 시작이기도 하다는 것을
어디선가 들은 적이 있다

그 말이

이 조용한 골목에도 들리는 듯했다

먼지 쌓인 달력

벽에 걸린 달력
몇 장이 찢기지 않은 채 남아 있다

바래고, 구겨지고
시간을 넘기지 못한 채,

날짜들은
차곡차곡 사라진 하루들
이름 없는 기념일
기억되지 않은 계절

달력은 시간이 아니었다
시간의 그림자였을 뿐

나는 찢기지 않은 페이지를 넘긴다

시간은 달력을 따라 흐르지 못했고
달력도 시간을 따라가지 못했다

때로는
시간을 잊는 일이
살아내는 일보다 더 필요한 순간이 있다

물 한 잔의 온도

텅 빈 유리컵에
물 한 잔을 따른다

그 투명한 무게
손끝에 닿는 서늘한 온기

나는 컵을 들어 입을 댄다

차지도 덥지도 않은 온도

그 사이에
잠시 머무는 시간

마시고 나면 사라질
이 평범한 순간을
나는 오래 기억할 것 같다

4부

다시 시작되는 하루

해가 진다
모든 것이 끝나는 것처럼 보여도
다시, 하루는 시작된다

나는 창문을 열고
어둠을 맞이한다.

어둠은 끝이 아니라,
또 다른 시작

하루의 끝과 시작이 겹치는 곳,
나는 조용히 선다

오늘을 보내고,
내일을 기다리는 그 틈

저물어 가는 빛

저녁이 내려앉는다
창가에 기대어
나는 저물어 가는 빛을 본다

붉게 물든 하늘
길어지는 그림자
차가워지는 공기

빛은 서두르지 않는다
서서히, 천천히
세상의 모서리를 물들인다

나는 가만히 손을 내민다

잡히지 않는 빛
닿을 수 없는 시간

빛은 저문다.

모든 것을 데리고 사라지지는 않는다
남는 건
닿지 못한 것들의 여운

나는 그 여운 속에 앉아 있다

저물어 가는 빛은
언제나
말없는 위로가 된다

불완전한 순간들

완전한 것은 없다
모든 것은 부서지고
갈라지고
흘러내리고
비워진다.

깨진 조각들 사이
비어버린 틈 사이에서야
비로소 드러나는 것들이 있다

빛은 금이 간 벽을 따라 새어 나오고
소리는 비워진 방 안에서 더 또렷해진다

나는 오늘
부서진 것들의 언어를 듣고 싶다
불완전함이야말로

살아 있다는 증거이기에

흘러내린 약속

약속은 생각보다 쉽게 흘러내린다

종이 위에 적힌 글자가
빗물에 번지듯
손끝에서 미끄러지듯

누군가는 기억하고
누군가는 잊고
누군가는 애써 묻어둔다

나는 무심코 흘러내린 약속들을 떠올린다

되돌릴 수 없는 말들
다시 건널 수 없는 다리들

약속이 약속일 수 있었던 건
깨지기 쉬웠기 때문이다

나는 오늘
지켜지지 못한 약속의 파편들 앞에 선다

흘러내린 것들이
결코 사라지는 건 아니라는 듯

금 간 거울

거울 한쪽에 금이 갔다

빛은 그 금을 따라 번지고
얼굴은 조금씩 흐트러진다.

나는 거울 앞에 선다
금 간 나를 들여다본다

금은 결점을 드러내는 것이 아니라
숨겨왔던 무늬를 밝힌다

깨끗한 거울에 비친 얼굴보다
금 간 거울에 비친 얼굴이
더 진짜일 수 있다는 것을

나는 거울을 닦지 않는다
수정하지 않는다

깨진 자리마다
진실이 스며들 테니까

깨진 유리잔을 들여다보다

깨진 유리잔 하나
흠집이 아니라
완전히 부서진 자리

그 안에 담긴 건
흘러나온 시간
쏟아져버린 이야기
그리고
끝내 마시지 못한 이름

유리잔은 비어 있지만
텅 빈 것이 아니다

그 비어 있음 안에
사라진 것들이 가득하다
나는 조심스레 깨진 조각을 만져본다

상처 입을 걸 알면서도
다시 만져본다

잊혀진 것들은
때로는 그렇게
아프게 남는다

삐걱거리는 계단

오래된 계단을 오르면
삐걱거리는 소리가 난다

누군가 걸어갔던 소리
잠시 머물렀던 발자국

나는 그 소리를 듣는다

새것이 아니기에
흠집이 있기에
계단은 더 많은 이야기를 품는다

삐걱거림은 오래된 시간의 울림
흔들리면서도
금이 가면서도
계단은 제 자리를 지킨다

나는 천천히
조심스레 한 발 한 발 딛는다

삐걱거리는 소리를 들으며
내 발끝에 얹힌
시간의 무게를 느낀다

어긋난 발자국

비 온 뒤 골목
어긋난 발자국 몇 개

누구의 것도 되지 못한 걸음들

서로 어긋나고
닿지 못하고
흔적만 남긴 채
스쳐간 걸음들

삶이란
언제나 이렇게
조금씩 어긋난 채로 흘러가는 것인지도

나는 한참을 걸었다.
다시 이어지지 않을

그 발자국들 사이를

비워진 잔

식탁 위
비워진 잔

이제는 아무것도 담지 않는 잔을 본다

가득 찼던 시간
넘치던 말들
다 흘러간 뒤에 남는 건
조용한 비어 있음

나는 비워진 잔을 들어본다

텅 빈 것이 아니다
지나간 것들의 무게로 가득한 잔

비워졌기에 더 많은 것을

담을 수 있다는 걸
이 잔이 알려준다.

잃어버린 단어

노트 한 귀퉁이
흐릿하게 적힌 단어 하나

어떤 말이었는지
이제는 기억나지 않는다

나는 사라진 단어를 더듬는다

다시 떠올릴 수 없는 이름
다시 부를 수 없는 표정
다시 쓸 수 없는 말

잃어버린 단어들은
어쩌면
가장 오래 남는 기억이다

남아 있는 건
말이 아니라,
사라진 말의 흔적

틈 사이로 스며드는 빛

벽에 금이 갔다.
그 틈 사이로
빛이 스며든다.

나는 벽에 손을 얹는다.

단단하던 것이
스스로 갈라진 자리.

그 틈이 없었다면
빛도 없었겠지.

모든 깨짐에는
스며드는 무엇이 있다는 걸.

모든 틈에는
다시 시작할 수 있는 여백이 있다는 걸.

나는 벽을 쓰다듬는다.
금이 간 그 자리를 따라
가만히 빛을 쓸어본다.

살아 있다는 것

가만히 숨을 쉰다

크게 기대하지도 않고
조급히 서두르지도 않고

그저
숨을 들이쉬고 내쉬는 일

나는 손을 펴 본다
아무것도 쥐지 않은 손바닥
그러나 그 위에 얹힌
따뜻한 체온

살아 있다는 것
가장 단순하고
가장 확실한 기쁨

|평론|

『평범한 날들의 시학』 평론
— 사라짐의 미학, 머묾의 윤리

시인 이은선

　『평범한 날들의 시학』은 겉으로 보기엔 사소한 것들로 이루어져 있다. 그러나 이 시집을 읽는 이는 곧 깨닫게 된다. 이 사소한 것들은 모두 사라짐의 전조이며, 삶이란 결국 지속될 수 없는 존재의 표피에 불과하다는 것을. 이 시집은 삶을 낭만화하지 않는다. 오히려 삶의 일상성에 감춰진 무화(無化)의 원리를, 존재의 부재화 과정을, 시간의 지워짐을 조용하고 집요하게 추적한다. 『평범한 날들의 시학』은 일상의 작은 균열들을 통해 존재론적 근원에 다가서고, 시간과 기억, 부재와 상실이라는 철학적 주제들을 겹겹이 중첩시킨다.

거울 한가운데 금이 갔다.
조용한 오후,
빛은 금을 따라 번지고
내 얼굴도 조용히 일그러진다.

―〈금 간 거울〉 중에서

거울은 인간의 자기 동일성을 가시화하는 장치다. 우리는 거울을 통해 '나'를 확인하고, '나'라는 환상을 유지한다. 그러나 시인은 이 '나'의 동질성을 거부한다. 거울에 금이 간 순간, '나'라는 확정된 존재는 해체된다. 균열을 통해 드러나는 것은 완전하지 않은 자아, 흔들리는 자기 인식이다. 거울의 금은 단순한 파손이 아니다. 존재 그 자체의 불완전성을 드러내는 시각적 장치다. 빛이 그 균열을 따라 번지는 장면은 '존재'의 경계가 흐릿해지고, '나'라는 실체가 붕괴하는 과정을 시각적으로 형상화한다. 자아는 고정된 본질이 아니라, 균열을 통해 드러나는 비(非)본질이다. 이는 하이데거가 말한 "존재는 은폐 속에서만 드러난다"는 명제와 교차하며, 존재의 진실이란, 스스로 드러나기를 거부하면서, 부서진 틈새로 스며든다는 역설을 암시한다. 자아의 인식은 완전할 수 없으며, 오히려 깨짐을 통해서만 진정으로 드러난다. 이 시는 말한다. 존재란 언제나 균열의 언저리에 있고, 우리는 그 부서진 경계에서만 비로소 나 자신을 마주할 수 있다고.

벽에 걸린 달력,
몇 장이 찢기지 않은 채 남아 있다.
...
달력은 시간이 아니었다.
시간의 그림자였을 뿐.

— 〈먼지 쌓인 달력〉 중에서

달력은 인간이 시간을 측정하고 지배하려는 시도의 산물이다. 날짜를 구획하고, 흐름에 경계를 긋는 행위는 시간을 통제 가능한 것으로 만들기 위한 욕망의 표출이다. 하지만 시인은 단호히 부정한다. 달력은 시간 그 자체가 아니라, 시간의 그림자에 불과하다. 달력은 종이 위에 인쇄된 숫자에 불과하며, 실

제 시간은 그 틈새로 빠져나간다. 시간은 수치화될 수 없고, 기록될 수 없고, 규정될 수 없는 흐름이다. 시간은 끊임없이 삭감하고, 소거하고, 붕괴시킨다. 인간이 아무리 매일 달력의 날짜를 넘겨도, 그날들은 그저 지워질 뿐이고, 달력은 쌓이지 않고, 시간은 남지 않는다. 시간은 측정될 수 없는 비가시적 흐름이며, 존재를 무화시키는 조용한 소리 없는 에너지다. 이 시는 시간의 실체를 포착하지 못하는 인간의 근본적 무력감을 보여주며, 삶이란 결국 날짜들 사이를 미끄러지듯 사라져가는 덧없는 장면임을 선언한다.

어떤 이름은,
부를 수도,
되돌릴 수도 없다.
…
스쳐간 이름은
아무 대답도 하지 않는다.

― 〈스쳐간 이름〉 중에서

'이름'은 기억과 존재를 고정시키려는 시도다. 그러나 이 시는 그 고정이 끝내 불가능함을 이야기한다. 스쳐간 이름은 부를 수도, 되돌릴 수도 없다. 존재는, 기억은, 부재를 피할 수 없다. 기억은 재현되지 않고, 시간은 소급되지 않고, 남는 것은 대답 없는 침묵뿐이다. 이 시에서 이름을 부른다는 행위는, 사실상 사라진 것들과 소통하려는 무의미한 시도다. 그런데도 우리는 이름을 부르고, 사라진 것들을 붙들려 한다. 그러나 돌아오는 것은 언제나 부재의 침묵뿐이다. 이것이야말로 삶의 본질이다. 존재는 결국 소거되고, 기억은 휘발되며, 남는 것은 부재라는 흔적뿐이다. 이 시는 삶의 본질을 부재로 환원시키는 절제된 사유의 집약체다.

 물 한 잔의 온도.
…
마시고 나면 사라질
이 평범한 순간을
나는 오래 기억할 것 같다.
―〈물 한 잔의 온도〉 중에서

가장 일상적인 장면, 가장 단순한 사물. 그러나 시인은 여기서 '사라질 것'을 전제한다. 물 한 잔의 온도는 곧 식고, 입술을 지나가고, 사라진다. 기억하고 싶다는 욕망은 있지만, 그 기억은 끝내 완성되지 않는다. 기쁨은 오지만, 곧 사라진다. 느린 기쁨조차도 머물지 않고 사라지는 것이다. 이 시는 존재의 본질적 특성을 조용히 암시한다. 살아 있음은 결국 휘발하는 것이며, 우리가 느끼는 기쁨이란 언제나 사라질 것을 예정한 찰나의 감각에 불과하다.

  『평범한 날들의 시학』은 삶의 사소한 결들 속에 숨어 있는 존재의 불완전성, 시간의 무화성, 기억의 휘발성, 그리고 부재의 필연성을 가장 낮고 조용한 목소리로 기록한 시집이다. 시인은 단 한 번도 삶을 긍정하지 않는다. 그렇다고 노골적으로 부정하지도 않는다. 대신 그는 묵묵히 사라짐을 견딘다. 깨진 거울을 마주하고, 달력을 넘기지 않은 채 시간의 침묵을 듣고, 부를 수 없는 이름을 가슴에 묻고, 사라질 기쁨을 잠시 쥐어본다. 존재는 늘 부재를 향해 기운다. 시간은 모든 것을 무화시킨다. 삶은 기록되지 않는다. 다만 느리게, 조용히, 붕괴해간다. 『평범한 날들의 시학』은 그 붕괴의 과정을 미세한 언어의 그물로 건져 올린다. 그리고 독자에게 묻는다. 너는, 사라짐을 견딜 수 있는가. 이 시집은 사라짐을 견디는 이들에게 드물고 조용한 위로를 건넨다. 그것이야말로 가장 절망적인 방식으로 건네는, 가장 단단한 형태의 구원이다.

평범한 날들의 시학
이은선 시집

인쇄 2025년 10월 22일
발행 2025년 10월 28일

발행인 이은선
발행처 반달뜨는꽃섬 [서울시 송파구 삼전로10길50, 203호]
연락처 010 2038 1112,   itokntok@naver.com

ⓒ 이은선, 저작권 저자 소유

ISBN 979-11-91604-59-7 (03810)

이 책은 저작권법에 의해 보호를 받는 저작물이므로 무단 전재와 복제를 금합니다